8월이 오면

위맹량 시집

을지출판공사

시인의 말

나는 항상 이름 모를 야생화를 보면
감사의 뜻을 전한다.
자연은 언제나 나에게 순수한 시상을
일깨워 주기 때문이다.
이제 다섯 번째 시집을 펴내면서
아쉽고 부족한 마음은 여전하다.
내 인생의 마지막 시집이라고 생각하니
더욱 감회가 깊다.

2018년 11월 늦가을

시헌(是軒) 위맹량(魏孟良)

Contents

차례

■ 시인의 말 · 3

제 1 부 항아리에 떠오른 달

구름과 바람 · 10
가을의 대화 · 12
은행 잎 · 13
백일홍 꽃 넋이여 · 14
낙엽을 바라보며 · 16
자연의 신비로움 · 18
봄날의 햇살 · 20
내가 걸어온 길 · 22
인사동 거리 · 24
8월이 오면 · 25
이대 교정을 거닐며 · 28
항아리에 떠오른 달 · 29

Contents

낙엽이 외치는 소리 · 30
님의 눈물 · 32
질서 · 34
내 인생의 여운 · 35
막내딸 결혼 · 36
할미꽃 · 38
담쟁이덩굴 · 40

제 2 부 나무의 지혜

그들의 대화 · 42
부러운 삶 · 44
공생 · 45
형님의 유품 · 46
두물머리 · 48
봄이 오는 문턱에서 · 50
눈 내리던 밤 · 52
가위바위보 · 54
나무의 지혜 · 56

Contents

커피숍의 만상 · 57
영춘 대화(迎春 對話) · 58
서러운 파키라 · 60
볼펜 · 62
주얼리의 탄생 · 64
전관예우(前官禮遇) 1 · 66
어떤 인연 · 68
글래스 캣피시(Glass catfish) · 70
이발소 풍경 소리 · 72
동창회 · 76
가을 · 78

제 3 부 억새의 마음

고등리의 장날 · 80
화산문학관 · 82
들꽃 · 83
통역 · 84
어떤 소망 · 86

행선지 · 87
6월이 오면 · 88
보호수 앞에서 · 90
봄날 · 92
참새와 허수아비 · 94
피서지 · 96
전관예우(前官禮遇) 2 · 98
억새의 마음 · 100
개망초 · 102
벚꽃 피는 고향 · 103
천관산 · 104
장독대 · 106
간판 · 108
안타까움 · 110

제 4 부 두 줄기 눈물

선거공약 · 114
강제 이주 · 116

Contents

두 줄기 눈물 · 118
연꽃 · 120
커튼 · 122
부부화 · 124
나팔꽃 · 125
이심전심 · 126
낙엽 · 128
노랑나비 · 130
직업 · 132
가을 하늘 바라보며 · 134
어떤 장식 · 135
시의 산고(産苦) · 136
낙엽을 주우며 · 138
홍정 · 139
초겨울 어느 날 · 140
기다림 · 142
그리움 · 143

제 1 부

항아리에 떠오른 달

밤마다 나를 기다리는 엄마
보고파서 장독대로 뛰어가지요

나를 반겨 활짝 웃는 엄마
별들도 기뻐서 반짝입니다

혹시나 물이 말라 엄마 볼 수 없을까
날마다 항아리에 물을 가득 채운다오.

구름과 바람

하늘을 가리운 구름은
뭉치고 흩어지고
멈추다가 달려간다

다시 돌아와
아름다운 동화의 세상을 펼친다

토끼가 뛰어오는가 했더니
백마가 달려가고
호랑이가 쫓아온다
여우는 꼬리를 내리고 몸을 감춘다

갑자기 계곡을 흘러
쏟아지는 폭포수
"나이아가라"가 아닌가

잠시도 멈추지 않는
변신의 귀재

작품을 만들고 지우고
쫓고 도망치는 신비로운 연출

그러나
지치고 서러움에 겨워
무겁고 어두운 마음 가누지 못할 때
한없이 울어 대는 구름의 눈물

이 모든 변신은
보이지 않는 바람의 소행이다

바람은 도대체
누구의 소망이오 바램일까.

가을의 대화

푸른 하늘 쳐다보며
코스모스는 무슨 말을 하는가

미소를 잃지 않고
하늘하늘 고개 저으며
멈춤 없이 이어 가는 속삭임

기웃기웃 잠자리만이
그들의 대화를 엿듣는다

인간이 알아들을 수 없는
위대한 자연의 대화 속에

그렇게
가을은 깊어만 가는가.

은행 잎

책갈피 속에 잠든
은행 잎 하나

지난해 가을빛을
곱게 간직한 채

세월의 무상함을
반추하는가

꽃잎보다 아름다운
곱디고운 잎새의 미소

천년만녀 영원한
은행의 여운(餘韻)이여.

백일홍 꽃 넋이여

총성보다 무서웠던 한파
숨 막히던 남행열차

보자기에 싸여
고달팠던 숙이
1.4 후퇴 피난길

고향 찾아온
어린 숙이는
안타깝게 생을 마치고 말았지

고향에서
숙이를 반갑게 맞이한
동갑네 사촌 남이마저
세상을 떠날 줄이야

해마다
삼복더위에 찾아온

숙이와 남이의 넋은

한 맺힌 짧은 인생
얼어붙은 몸을 풀고
분홍과 순백으로 피어
백일홍 꽃 넋이 되어 찾아오네.

* 1.4 후퇴의 피난길
* 숙이 : 누님의 둘째 딸 이혜숙
* 남이 : 큰집 조카딸 위팔남

낙엽을 바라보며

어제는
가냘픈 낙엽 하나

저곳 인도 위에
쉽게 누워 있었지

청소부의 빗자루에 쓸려
어느 곳에 버려졌을까

비 내리는 오늘
비에 젖어 누워 있는 낙엽들
내 마음을 쉽게 하네

아름다웠던 내 인생
일생을 마치고 떠날 때
내 몸은 어느 곳에 버려질까

살아생전 염원하던
평화로운 영면의 꿈을 꽃피울 동산
그곳에 버려졌으면 ……

자연의 신비로움

앞뜰 화단에 펼친
향기로운 봄 잔치

화사한 오월의 햇살 아래
이름 모를 꽃들이
자기만의 색깔을 자랑하며
자유롭게 봄날을 즐기고 있다

실바람은 가끔씩 불어와
꽃향을 사방으로 날리고
나비들은 향기를 따라 꽃을 찾는다

언어가 필요 없는 세상
새 역사를 창조하는
자연의 신비로움

무심코
바라보고만 있는 나는

이 자연의 일원으로

어떤 역할을 해야 하나……

봄날의 햇살

오월이 오면
무르익은 봄날의 햇살은
짙고 깊은 사랑을 펼친다

자연은
모두가 말없이
따스한 봄빛사랑 안고
어리광이 넘쳐흐른다

봄바람은 가끔
감꽃을 흔들며 속삭인다
서둘러 싱싱한 풋감을
잉태해야 한다고……

참으로 아름다운
자연의 사랑 이야기

내 마음도
희망의 꽃을 피운다.

내가 걸어온 길

내 평생
걸어온 길은
무슨 길이었나

가시밭길
오솔길
자갈길
징검다리길

더더욱 힘들고
먼 길도 있었지

자동차 길
철길
뱃길
비행기 길

내 평생

걸어온 길은
몇 리나 될까

팔십 평생을
살아 왔으니

팔천 리였을까
팔만 리였을까

아직도
걸어가야 할 길은
몇 리나 남았을까

누구에게 물어봐야 할까.

인사동 거리

인사동 거리에 들어서면
왠지 자부심을 잃고
고개 들고 떳떳하게 걸을 수 없구나

우리 역사 전통과 유물을
자랑하던 거리가 아니던가

소문 듣고 찾아온
외국인의 눈빛은 좌우를 살피고
기대와 희망찬 발길인데

고려인 조선인의 자랑스러운 유물
청자 백자 진열장은 보이지 않고
먹거리 잡화상들만 난무한 거리가 되었으니

외국인 관광객 앞에
미안한 생각이 들어
마음 편치 못함을 어찌하랴.

8월이 오면

8월이 오면
타임머신을 타고 고향에 돌아간다

우리 마을 동각 앞마당에 모여
징과 꽹과리 우렁찬 농악소리
모두가 흥겨워 춤을 춘다

벌거숭이 일곱 살 소년도
아리랑 춤을 춘다

아버지는 오늘이
해방된 날이라고 했다
무더운 하늘 아래
모두 다 한마음 되어
노래하고 춤추는데

놀라운 고함 소리 하나
농악을 멈추라고 한다

한순간 적막이 흐르고
그는 외쳤다
"여러분, 나는 벙어리가 아닙니다"

목메인 소리
분노와 회한의 눈물이 이슬처럼 맺힌다

언제부터인가
우리 동네에 들어와 걸인 행세하며
살아왔던 벙어리 아저씨

일제의 강제 징용에 끌려가기 싫어
못 들은 척 귀 막고 벙어리로 살아온 것이다

오늘이 있기까지 온갖 괄시와
천대를 받으며 허기와 절망 속에
귀와 입을 봉해 버린 세월들

일제의 잔혹한 식민정책
강제로 창씨개명하고
우리말 우리글을 사용할 수 없었던 암흑의 시대

이것이
일곱 살 소년의 생생한 기억
8 · 15 해방!

이 생명이 다할 때까지 결코 지울 수 없는
영원한 우리 역사의 파노라마.

이대 교정을 거닐며

아름다운 교정의 길
현무암 산책 길

새록새록 피어나는 잔디
새 봄맞이 환영의 손짓

배꽃은 어느 곳에 있나
둘러봐도 보이지 않네

저기
그룹끼리 속삭이며 오가는
정다운 여대생들
순백의 이화가 아니던가

교정을 새롭고 밝게 물들인
내 조국 희망의 배꽃이여.

* 이화여대 교정을 거닐며(2018. 4)

항아리에 떠오른 달

장독대 항아리에 떠오른 달
사랑하는 우리 엄마 숨겨 둔 얼굴

밤마다 나를 기다리는 엄마
보고파서 장독대로 뛰어가지요

나를 반겨 활짝 웃는 엄마
별들도 기뻐서 반짝입니다

혹시나 물이 말라 엄마 볼 수 없을까
날마다 항아리에 물을 가득 채운다오.

낙엽이 외치는 소리

낙엽이 소복이 쌓인
오솔길을 거닐며
나는 듣노라

바스락바스락 부서지며
나에게 외치는 낙엽의 여운(餘韻)

알 듯 모를 듯
속삭이는 소리

나는 귀 기울여
듣노라

어쩌면
철인과 현인이
못다 한 말

낙엽이 애써
나에게 들려주는 소리.

님의 눈물

돌아올 수 없는
멀고도 먼 길
떠나시던 날

슬픔에 겨워
그칠 줄 모르던
님의 눈물

차마 흘려 버릴 수 없어
하얀 눈송이로 내리네

서럽고 안타까운
내 마음 감싸 주려
하염없이 내리네

보고 싶은 님
그리움만 쌓이는데

애타는 내 마음
아는지 모르는지

눈은 내리네
그리움에 맺힌 눈물
하얗게 하얗게 쌓이네.

＊형님을 생각하며

질서

광화문 네거리
넓은 길 질주하는 자동차 물결

신호등은 말없이
3색의 불을 번갈아 밝히며
쉴 틈 없이 질서를 잡고 있다

이 질서를 무시하고
다투어 달린다면
모두 함께 생활의 리듬을 잃고

약속과 기다림
기대와 희망이
자동차 바퀴 속에 휘말리고 말 거야

공동체 생활 속에
자연스레 태어난 지혜
언제나 필수요 의무인 질서.

내 인생의 여운

길고도 짧은 인생살이
어느덧 팔십 계단을 올라왔구나

때로는 웃고 즐기며 춤도 추었지
때로는 생사의 갈림길에서
절망과 좌절의 늪에 빠져 눈물 흘렸지

이제 넘어야 할
힘겨운 마지막 고개
몇 계단이나 될까

보잘것없는 미미한 일생
몇 편의 시를 읊어
내 인생의 여운(餘韻)으로 남기련다.

막내딸 결혼

라뚜루발(Laturuballe) 앞바다
대서양에 발을 담그고
아쉬운 바램을 못 잊은 채
프랑스 초가을 푸른 하늘을 쳐다본다

갑자기 나타난 흰 구름 한 송이
동쪽 하늘을 향해 달리고 있다

삼 일 후에 있을
우리 막내딸 결혼식

멀고 먼 길
쉽게 올 수 없는 하객들의
어려움을 생각하여 초대하지 않은
아쉬운 내 마음을 어떻게 알았나

스스로 전령사가 되어
기쁜 소식 전하려

저리도 바쁘게 달려가는구나

밤이 오면
달과 별들이 가는 길을 밝혀 주고
바람은 그침 없이 불어줄 거야

고맙다 구름아
눈치 빠른 전령사야
우리 가족 속마음
너만이 알아주는구나.

* 막내딸 : 위 수산나(Susanna Wee)
* 사위 : Fabien Marchand(Martin)
* 결혼날 : 2016년 9월 17, 18(sat, sun)
* 결혼식장 : Chateau de Lauvergnac
* 나라와 도시 : Nantes, FRANCE

할미꽃

내 고향에 봄이 오면
할미꽃이 피었지요

밭둑에도 동산에도
아름답게 피었지요

허리 굽혀 김매시던
우리 어머니

어찌 그리
흉내 내며 피었을까요

이제는 고향 가도
할미꽃을 볼 수 없어요

탁한 세상에 숨이 막혀
고향 떠난 할미꽃

나는 이제
울 어머니 보고플 때
할미꽃 대신

어떤 꽃을 보아야 하나요?

담쟁이덩굴

멈춤 없이 오를 수 있었던 것은
벽이란 버팀이 있었기 때문이지

이제 벽이 없는 허공을 향해
몸부림쳐도 오를 수 없구나

지나친 자만심만 믿고
타의 모범이오 으뜸인 양
독주하던 한 인간이

중생의 신임을 잃고 추락한
실의에 잠긴 위선자 같구나

삶의 진실은
다 함께 상생의 행복을 추구해야
보람찬 생애를 누릴 수 있는 것이지.

제 2 부

나무의 지혜

기다림의 때가 오면
태양과 바람의 손길이
가지에 쌓인 눈을 녹이고
따스한 사랑으로 감싸주리라.

그들의 대화

–화분에 갇힌 열대나무들

우연히 꽃집 앞을 지날 때
내 귀를 울리는 소리들
발걸음 멈추고 그들의 대화를 엿듣는다

"너희들은 어디가 고향이지"
비교적 나이 먹어 보이는 해피트리가 묻는다
"나는 할아버지 때 아프리카에서 왔다고 해요"
벵갈고무나무의 대답이다
"내 고향은 남미라고 하던데 어느 나라인지
우리 엄마도 가 보지 못했데요"
가냘픈 파키라의 말이다
"우리 할머니는 배를 타고 오셨데요"
떡갈잎고무나무의 갈증에 목마른 소리
"그래 바람 타고 바다 건너 온 자는 없구나"

"우리 모두 제 고향에 가서 자유롭게 살고 싶어요
열대우림의 고장에서 마음껏 팔다리 뻗고

새들과 함께 춤추고 노래하고 싶어요"
이구동성으로 외친다

좁다란 화분에 갇혀
자유롭게 뿌리내릴 수 없는 속박
향수에 젖어 병든 모습들
이국 만리 타향에서 몇 대나 살아오고 있을까
모두가 소망은 귀향이요 삶의 자유인 것을

내 차라리
그들의 대화에 귀 기울이지 말았어야 했는데.

부러운 삶

높다란 전선 위에 앉은 비둘기
기웃기웃 고개 돌리며 내려다본다

오고 가는 사람 사람들
바쁜 삶의 생활상을 바라보며
비둘기는 무슨 생각을 할까

비록 인간이 버린 찌꺼기를 먹지만
푸른 하늘을 자유롭게 날고
짝을 만나 가로등 난간에서 사랑을 속삭인다

제 나름의 삶을 속박 없이
자유롭고 평화롭게 즐기는 비둘기

여유 없이 허둥대는 인간의 삶이
부끄러워 할 말이 없구나.

공생

우리 인간의 삶은 두 길
주고받는 공생의 순환이다

주문자는 공급자가 되고
또다시
공급자는 주문자의 자리에 선다

오늘의 기다림으로 설레이고
내일은 보냄으로 즐거운 마음

지구의 자전과 공전처럼
잠시도 멈출 수 없는 일
주문자요 공급자이다.

형님의 유품

명동 근처
지하상가를 지날 때마다

한 가게 앞에 서서
형님이 남기고 간 유품
벽에 걸려 있는 액자를 바라본다

송수천년취(松樹千年翠)
초서의 필력이
강직하셨던 성격을 잘 표출하였다

형님은 이제
저 세상으로 떠나시고
유품만이 말없이
형님의 숨결을 이어 가고 있다

"소나무는 천년을 푸르다"고 했으니
갑자기 떠오르는 지리산의 천년송이

한 폭의 그림액자로 내 눈앞에 펄럭인다

백년도 푸르지 못하고
팔십에 떠난 형님의 일생
그러나
저 유품 한 점으로
만년을 누리실 형님이시다.

두물머리

그리움은
얼마나 깊었으리

험난한 산골을 지나
계곡에 이르고
수십 미터 낭떠러지
굴러 떨어지며

급한 마음 서두르다
가시덤불에 찢기고
바위에 부딪혀 갈라지고

보지 못한
그대와의 만남을 놓칠세라
감기고 땅김을 뿌리치며
달려온 보람

넓고 잔잔한 곳에 이르니

부평초 춤추며 반기고
물고기 평화롭게 유영하며
환영하는구나

드디어
껴안아 한 몸이 되고
밤하늘 찬란한 별빛사랑 받아
새 희망을 노래하며 흘러가네

모든 생명 품에 안고
사랑하리라
대양을 향해
망설임 없이 가리라.

봄이 오는 문턱에서

광화문 네거리에는
촛불꽃이 피고

대한문 시청 광장에는
태극꽃이 펄럭이네

계절의 봄은
문턱에 와 있는데

조국의 봄은
언제 오려나

행여
태극기 바람에
촛불 꺼질까 두렵고

촛불에
태극기 태울까 겁나네

어찌 그리도
조급한 민족이던가

지혜와 인내심을 피워
삼월의 꽃소식을 기다려 보세.

* 박근혜 대통령 탄핵찬반 여론을 보고(2017. 2. 18. 토)

눈 내리던 밤

어린 시절
함박눈이 내리던 밤이었지

아버지 글방에선
동네 형들 책 읽는 소리
계몽편, 소학, 중용, 논어, 대학……
크고 작은 소리 함께 어울려 퍼지고

어머니는 안방 등잔불 아래
물레 돌리는 소리 그칠 줄 모르니
한겨울 우리 동네 희망의 꿈을 피웠지

까마귀는 눈이 무거워 고개 숙인
대나무 숲에 앉아 단잠을 설치고

까치는 감나무 가지에 매달린
홍시가 떨어질까 잠 못 이룰 때

바둑이 멍멍이는
따뜻한 부뚜막에서 꿈꾸던 밤

겨울이 오면
함박눈 내리는 밤을 기다림은
어릴 적 떠나온 고향 생각
주마등처럼 스치는
그리움 때문이라오.

가위바위보

인생은
가위바위보

정의로운 선택
희망찬 출발
가위

굳은 의지
무언의 실천
바위

관용과 사랑으로
감싸 주는
보

하루도 쉼 없이
되풀이되는

사랑 넘치는
동심의 꽃이오

잔잔한 물결
평화로운 경쟁의 표상.

나무의 지혜

어젯밤 소복이 내린 눈
천지는 먼지와 티 없는 세상
하늘의 사랑이 가득하다

추위에 떨고 있는 가로수
벌거숭이 가지 가지마다
하얀 눈송이를 이고 힘겨워 보이지만

인내로 추위를 참고
오직 자연의 순리를 따를 뿐
거역하지 않는 모습
이것이 인간과 다른 나무의 지혜

기다림의 때가 오면
태양과 바람의 손길이
가지에 쌓인 눈을 녹이고
따스한 사랑으로 감싸주리라.

커피숍의 만상

커다란 커피숍
떠들썩한 시장에 들어온 기분

정담과 추억담은 즐겁지만
타인의 배려가 없는 큰 소리 너털웃음

더하여
카운터의 커피 만드는 기계 소리
귀를 자극하는 음반의 소음까지

커피 맛에 취해 명상을 하고
나만의 공간을 가져 볼까 했더니
기대는 깨지고 으스러지네

이명에 시달릴까 걱정이 앞서
메모지 움켜쥐고 서둘러 떠난다.

영춘 대화(迎春 對話)

차가운 비탈길 한편
외롭게 서 있는
살구나무 한 그루

앙상한 가지 위에
날아온 까치

머리를 조아리며
나무에게 묻는다

"봄은 언제쯤 오나"

"싹트는 내 꽃눈을 보지 못 했구나
봄은 벌써 와 있지
그래서
나는 봄맞이에 정신없단다"

살구나무의 대답이다

"아! 정말 그렇구나
오직 봄을 기다리는
내 마음 뿐
남들의 봄맞이 준비를
살피지 못했구나
어서 내 짝을 찾아
봄맞이 가야겠다"

까치는 훨훨 날아간다

"아니
누구보다 먼저 새로운 소식을
알려 준다고 자만하더니
어찌 이 봄이 오는 것을
감지 못했을까"

중얼거리는 살구나무의
불만이다.

서러운 파키라

커피숍 찻상 한편에 놓인
파키라 화분 하나
내 마음을 아프게 하네

몸통은 작은 계란형 화분에 끼어
쇠사슬보다 강한 억압 속에 말려

빛바랜 다섯 잎 두 줄기
서럽고 안타까운 심정
손님에게 하소하는가

주인의 명은
손님을 즐겁게 맞이하라 했지만
왠지 동정 서린 애절한 모습

공생을 모르는
인간의 무지한 자존감은
자연을 괴롭히고 해칠 뿐

상생의 기본도 잊은 채
지성과 반성은 찾아볼 수 없구나.

볼펜

갑자기
뇌리를 스치는 생각들
혹시라도 놓칠세라

기록으로 남겨
간직할 수 있는 수단

그래서
볼펜과 메모지는 항상
내 주머니 속을 떠날 수 없다

그러나
오늘처럼 볼펜을 두고 나온 아쉬움
새로운 인연을 맺는 기회가 되었구나

백화점 상점 점원에게
양해를 구하며 잠깐 빌려 쓰려 했는데
볼펜을 건네며 "쓰세요" 한다

소품이지만
이처럼 흔히 볼 수 없는 일
고마운 그녀의 미소를 잊을 수 없구나.

주얼리의 탄생

인간의 소유 욕망 속에는
사치욕이 자리 잡고 있지요

사치 욕망 속에는
남다르게 돋보이려는
자기 자랑이 싹트고 있다오

그래서
인간은 처음부터
보석을 찾고 있었지요

그러나
소유하기 어려운 보석

바닷가 조개껍질 주워
목걸이 팔찌 반지 귀걸이 등을 만들어
자랑스럽게 몸을 장식하였다오

남들이 장식하고 있는
천연색을 탈피하려고
각가지 색깔을 염색하여
또 다른 모양을 자랑하였으니

오늘날
액세서리 만능의 시대가 온 것이다.

전관예우(前官禮遇) 1

법전을 달달 외우더니
남들이 넘지 못한
관문을 넘어 법복을 입었지

남다른 기억력과
정신을 집중했을 뿐인데
천재라고 모두가 부러워했지

하지만
법복 안자락 깊숙이 젖은
오염된 악취를 털지 못하고

브로커의 유혹에 매료되어
법 앞에 평등한 민초들의
권리를 외면하고

관행인 양 예우를 앞세워
배부름만 채우다가

기요탱의 역사를 잊었던가

범법자의 형량까지 껴안은
천하의 어리석음이여.

* 기요탱(Guillotine) : 단두대(사형틀)를 만든 프랑스 사람으로 훗날 그도 역시 단두대에 처형당한 사람이다.

어떤 인연

사무실 작은 창문 밖
오늘 아침도 까치가 찾아올 시간이다
벌써 십 년도 지났으니
인연치고는 특별한 인연이다

까치는 나의 출근시간을 알고 있다
톡톡 부리로 유리창을 두드린다
나는 재빨리 창문을 열고
빵 조각을 펼쳐 놓는다
물론 내가 만들어 준 작은 판자쪽 밥상이다

창문을 닫고 내 자리에 앉으면
까치는 다시 톡톡 창문을 두드린다
고맙다는 인사를 하고 빵 조각을 물고
지붕 위로 올라간다

다시 내려오기 전
비둘기 한 쌍은 빵 부스러기를 열심히 먹는다

이때 까치가 급히 와서 비둘기를 쫓는다

이제는 가끔
어린 까치 한 쌍이 찾아오기도 한다
어미 까치의 자식일까
그러나 그들은 유리창을 두들겨
인사할 줄 모른다

어떤 날 아침에는
비둘기 쌍쌍이 와서 조잘댄다
유리창을 두들길 줄 모르는 모양이다

까치처럼 정이 가지 않아
처음에는 모른 척하였지만
이제는 찾아온 그들에게도 아침을 준다

출근하지 않는 일요일과 공휴일 아침
그들은 어디서 아침 식사를 할까
궁금하구나.

글래스 캣피시(Glass catfish)

아리따운 속살을
감춤 없이 세상에 노출시키고
부끄러움 모른 채 유영하는
네 참뜻이 궁금하구나

비늘로 몸을 덮기에는
사치스럽다 생각했더냐

남다른 네 자랑 때문에
인간은 너를 가두어 놓고
관광객을 유치하는
수단으로 이용하는구나

너의 노출된 몸
존재의 이유를 아는 자 누구일까
조물주의 실수였을까

네가 대답하지 않으니
세상에 묻는다
글래스 캣피시여!

* 광명동굴에서 (2017. 10)

이발소 풍경 소리

길고 성긴 머리 그대로
겨울을 넘길까 망설이는데
재촉하는 아내의 성화에
찾아간 이발소

가을 낙엽처럼
바짝 마른 늙은 이발사
기다렸다는 듯 나를 반긴다

몇몇 안 되는 노령의 단골손님 말고는
젊은이는 찾아오지 않는 이발소

요즈음 젊은이는 모두가
여자 미용실을 찾는다

의자에 앉아 커다란 거울을 쳐다본다
건조하고 마른 내 얼굴이 마치
이발사와 닮은꼴이다

이발사의 말
하나의 시사평이 시작된다

국회가 하는 짓
청와대가 하는 말
노총의 데모
모두가 이해와 배려 소통이 없는 세상
마음에 들지 않는 언행이란다

삼백예순날 TV를 벗 삼아
살아온 늙은 이발사는
나름의 시사평론가임에 틀림없다

처음 몇 마디 잘 듣다가
졸음에 빠져 이내
내 귀는 문을 닫고 만다

얼마나 지났을까
목도리를 풀고 머리를 턴다

깜짝 놀라 졸음에서 깨어났지만
졸지 않은 척 헛기침을 하고 거울을 쳐다본다
머리는 잘 깎여 있었다

"그래요
요즘 세상
참 답답하지요"

"또 오겠습니다"

문밖엔
하얀 눈이 내리고 있다

이발소 문을 열고 나오니
문 위에 걸어 놓은 풍경이 울린다

맑고 밝은 풍경 소리
하얀 눈과 섞여 동네 길로 퍼져 나간다

축복의 함박눈을 맞이하며
집으로 간다.

동창회

갓 지난 약속 시간인데
몇몇 친구만이 보일 뿐이다

오랫동안 보지 못한 친구들
기대했던 마음
걱정으로 다가온다

언행은 자신감 넘치고
희망찬 웃음 그칠 줄 모르던
동창들이 아니던가

침묵을 지키는
안타까운 늙은 모습

그렇게 좋아하던
술 담배 잊은 지 오래란다

석양에 지는 햇살
굽은 등에 무겁게 짊어지고

지팡이 짚고 걷는
세발인생 웬 말인가
노년의 동창생이여.

가을

소리 없이 왔다가
훌쩍 떠나가는
계절인가 했더니

잎새들 물들이고
싸늘한 바람 불러 흩어 놓은
무정한 계절이었네

이별이 아쉬운 내 마음
잎새와 재회를 소리쳐 바라지만
안녕이란 여운만 울릴 뿐이네.

제 3 부

억새의 마음

가을 하늘 석양은
인간을 철없다 하고
억새는 고개 숙여
괴로움을 토하네.

고등리의 장날

오랜 전통을 이어 온 5일장은
바쁜 농사일에 쫓기면서도
마음속 깊이 기다리는 날이지요

십 리 이십 리 먼 길도 마다 않고
새 옷차림으로 새벽 길을 걸어오지요

정성으로 심고 가꾼 농작물을 팔아
남들이 가져온 어물 육물을 사고
가족의 생일잔치도 준비하지요

고등리의 5일장은
먼 친척 친구들의 예약 없는 약속의 날
기쁜 일 슬픈 소식을 서로가 주고받는
우편배달부 없는 만남의 장소이지요

자녀들 결혼 청첩도
슬픈 부고도

모임의 약속도
텁텁한 막걸리 잔에 넘쳐 흐른다오.

* 1964년 경기도 대왕면 고등리 하숙집에서
농촌지도사로 근무 중.

화산문학관

꽃동산 품에 안긴 화계마을
화산문학관에 들어서니

귀를 울리고 코를 자극하는 시향
사월회 시인들 놀라움을 토하네

이곳에 초대받은 수만의 시 작품
시의 숲 속에서 언제나 푸르다

다투어 시화를 꽃피우며
반갑다 어서 오라 무언의 환영

시향에 취해 시상 잃은 나그네
펜을 들고 어찌 망설이는가.

들꽃

아무도 쳐다보지 않는
들길 저편 언덕 위

곱게 핀 들꽃 한 송이
임 그리워 손짓하는가

엄동설한 극복하며
봄을 기다리던 애태움

아리따운 봄처녀 넋으로 피어
나그네 발길마저 멈추게 하네.

임 그리워 안타까운 내 마음
들꽃 사랑 안고 발길을 재촉하네.

통역

갑자기 울린 핸드폰
누구일까
－지하철 경찰대－
통역을 부탁하는 전화

약속을 하고 생각하니
나에게는 항상
무례한 짓을 한 외국인의 통역이었다

점퍼를 벗어 감춘 '고프로' 카메라로
젊은 여인들의 치마 속을 찍다가
현장에서 잡힌 것이다

무례한 짓을 한 외국인은
후회하고 용서를 빌지만

해가 갈수록 짧게 치솟는 치마
젊은 여인들의 옷차림

남자들의 마음을 현혹하는
원인 제공자는 어쩌란 말인가.

* 경찰청 통역사(스페인어)로 일하다.

어떤 소망

작은 화분에 갇혀
열대우림의 먼 고향을 그리며
갈증에 시들어 가는 화초

한 방울의 물도 주지 않으며
꽃 피우지 않는다고
제 욕심만 채우려는 인간

배려 없는 소망이
어찌 꽃을 피우며
열매를 맺을 수 있으리오.

행선지

하늘을 나는 비행기
파도를 헤치고 바다를 떠다니는 배
육로를 거침없이 달리는 자동차
이들 모두는 행선지를 정해 두고 오고 간다

행선지는
우리 인간이 살아가는 생활 속에
꼭 가고 오고 해야 할 서로 다른 목적지

그러나
우리 모두에게 주어진
다시 돌아올 수 없는
최종의 행선지가 있다

때와 시간이 서로 다르지만
똑같은 최종 행선지요 도착지
그곳은 영혼의 안식처이다.

6월이 오면

순백의 찔레꽃
파란 호수 맑은 물에

슬픈 얼굴 드리우고
언덕에 외롭게 피어 있네

뻐꾹새 슬피 우는
이름 모를 DMZ 골짝에도
하얗게 하얗게 피어 있겠지

조국의 부름 받고
조국을 지키다가

영원히 돌아오지 못한
젊은 병사들의 영혼

고향 그리워
한이 맺혀서

하얀 넋이 되어
찔레꽃으로 피어 있는가

저리도 애처롭게
피어 있는가.

보호수 앞에서

사백 살 된
은행나무를 쳐다본다

부러진 가지에는
다시 자란 새 가지가 믿음직스럽다
몸통은 거북이 등처럼 갈라졌으나
험난한 세상 두꺼운 껍질로 덮고

푸른 하늘 아래
사백 년의 역사를 자랑하고 있구나

이제서야
백세 시대가 열렸다고
자랑하는 인간들

그러나
백 세를 못살고
지팡이 짚고 사는 쇠약한 모습

침묵의 은행나무에게 묻는다
삶의 철학이 무엇이더냐.

봄날

동토에 묻혀
움츠리고 기다리던
아픔

이제
보람으로 꽃 피운
들풀의 환호 소리

남풍의 봄바람은
제비 등을 타고 왔나

저리도 사랑 넘치는
어머니 손길 같아라

잡힐 듯 흩날리는
님의 치맛자락

보일 듯 들릴 듯
님의 꽃신 발자국

어찌하여
시샘 많은 아지랑이
내 눈을 가리우는가

걷을 줄 모르네
아롱~ 아롱 아지랑이.

참새와 허수아비

보람 가득한 들판
잉태한 벼 이삭
피어날 무렵

긴 팔을 펴고
위세 당당히 나타난
허수아비

참새는
허수아비의 허세를
알고 있으렷다

미동도 없는 허수아비
소리 지를 수 없는
꼭두각시임을 알면서도

벼 이삭 피어
알곡이 여물 때까지

참새는 눈치 보며
허수아비를 따돌린다

추수 후
들판에 덩그러니 서 있는
허세마저 잃은 허수아비

참새는 두려움 없이
허수아비 팔에 앉아
재잘거린다

진종일
하늘만 쳐다보다가
저녁노을에 슬픔을 토하는
허수아비.

피서지

체온보다 높은 낮더위
계속되는 열대야

해외로 떠나는 사람들
진정 북극곰이 부러울 때다

그러나 나는
서울에서 가장 좋은
피서지를 찾는다

공원 숲길이 아니다
수영장은 더더구나 아니다

바로 그곳은
지천으로 열려 있는 커피숍

넘쳐 흐르는 찬바람
냉커피 한 잔 시켜 놓고

원하는 시간만큼 머물러도 좋은 곳

책을 펴 들고
독서삼매경에 빠진다.

전관예우(前官禮遇) 2

아저씨 아저씨
청소부 아저씨

전관예우란 말이
무슨 뜻이래요

선량한 민초들의 권리를 짓밟는
나쁜 관료들의 행위란다

그들 세상에서는
오래된 관행이라더라

아저씨 아저씨
관행이 뭔데요

나도 이해가
안 가는 말이다

나에게 전권을 주어
그 못된 버릇을 고치라고 한다면

이 빗자루로 싹싹 쓸어
쓰레기통에 버리겠다만.

억새의 마음

억새축제가 한창인
월드컵 하늘공원

사람의 물결이
길을 넘쳐 흐르고

바람 길을 막아
억새의 물결마저 힘겨웁다

속절없이 흘러가는
세월이 아쉬워
그칠 줄 모르는
억새의 슬픈 울부짖음

어찌하여 인간은
억새의 괴로움을
축제라 즐기려 하는가

가을 하늘 석양은
인간을 철없다 하고
억새는 고개 숙여
괴로움을 토하네.

개망초

매서운 폭염 아래
하늘 우러러
미소 짓는 개망초

높고 푸른 가을 하늘
기다리는 속마음
남모르는 소망이 깊었던가

여름과 가을 사이
그리도 가까운 계절이거늘
그리움은 멀기만 하네

보고픈 사촌의 얼굴
아리따운 국화의 미소

이룰 수 없는 그리움
안타까운 소망이여.

벚꽃 피는 고향

희수에 찾아온
그리운 내 고향

함께 공부하고 뛰놀던
초등학교 교정에는
만개한 벚꽃이 나를 반기는데

시샘과 질투의 봄바람은
어찌 꽃잎을 떨구는가

들리는 듯 들리지 않는
날 부르는 벗들의 목소리

소리쳐 불러 보아도 대답 없으니
보고픈 그리움에 눈물 맺히네.

천관산

봉우리마다 전설이 흐르는
호남의 명산 천관산

조국의 비상사태마다
봉홧불을 피워
한라산 지리산으로 연락하던
연대봉 봉홧대

젓가락바위 책바위 금수골
말없이 조국의 역사를 기록하며
몇천 년을 이어 오는가

한때는 아름드리 나무 길러
왜침을 막던 대적선을 만들었으니
조국을 지키는 충성심을 어찌 잊을손가

춘하추동 고운 옷 갈아입고
계절마다 또 다른 물소리 산새들 소리

사랑에 넘친 동심은 철마다 오르내렸지

천관산아 너는 알겠지
타향살이 늙고 지친 몸
찾아가지 못한 안타까움

내 고향 천관산아
영원하라.

* 천관산 : 전남 장흥군 관산읍과 대덕읍에 걸쳐
있는 산(높이 723m).

장독대

우리 엄마 사랑과
정성이 살아 숨쉬는 곳

엄마 보고파서
장독을 껴안고
불러보아도 울어도
대답 없는 우리 엄마

장독에 가득 찬 간장 된장은
며느리와 손녀 손에 만들었지만
맛은 엄마 손맛 그대로지요

깊은 밤
남몰래 찾아 나온 장독대
장독 가득한 물 위에
벌써 나와 기다리는 달과 별들

엄마와 나
재회를 보려고 애태우며
희망을 속삭이지요.

간판

지하상가를 걷는다
자그마한 상점들이
좌우로 즐비하다

눈을 현혹하는 작은 간판들
크기는 동일하지만

상점 이름 글씨체와 색깔은
자기만의 특성을 살린 표현

최소의 비용으로
최대의 효과를 바라는 방법

항상 상점 주인의 기대와
희망을 충족시켜야 하는
무거운 책무가 따른다

말없이 손님을 부르는
쉴 틈 없는 간판 간판들.

안타까움

핸드폰 메시지로
전해 온 슬픈 소식

지난주는 춘천에서
오늘은 강남 병원에서

노환으로 세상을 떠났다는
대학 동창의 안타까운 알림

가 볼 수도 없는 몸
무거운 마음 달랠 길 없네

주마등처럼 스치는 추억
학창 시절이 그리울 뿐

커피숍 창밖에는
만개한 백일홍 꽃잎

중복의 무더위도 모른 채
너울너울 춤추며 손짓하지만

울적한 내 마음
타계한 동창들의 슬픔에 젖어

시야는 안개 속으로 빠져 들고
정신은 몽롱한 꿈속을 헤맨다.

제 4 부

두 줄기 눈물

어떤 이는
지울 수 없는 슬픔이오

어떤 이는
멈출 수 없는 기쁨일세

한세상 그친 없이 되풀이되는
인간의 두 줄기 눈물이여.

선거공약

유권자, 아니
국민의 귀를 울리는
출마자의 진정한 약속은 없다

오랜 세월
속아온 국민의 귀에는
실천 가능한 공약이 들리지 않는다

그런가 하면
주춧돌을 다시 놓겠다
대들보를 바꾸겠다

유권자를 무시하는
장밋빛 공약을 외치는 자들

하늘 무서움을 모르는
자격 없는 출마자가 아니던가

어찌 국회의원이 되려는가
감히 대통령을 꿈꾸는가.

강제 이주

새로 건설한
아파트 단지

넓은 단지 내
정원 장식을 위해
강제 이식시킨
다양한 나무와 화초

제자리 잡지 못하고
말라 죽은 커다란 나무

원치 않는 이주
적응치 못하고 말라 죽었으니

안타까운 하소연
인간은 듣고 있는지

생명의 고귀함을
아는지 모르는지.

두 줄기 눈물

비 내리는 아침
무심코 창문을 바라본다

창문에 흐르는 빗방울
인간의 눈물처럼 흐른다

서글픈 이별의 눈물인가
재회의 반가운 눈물인가

꿈을 잃은 안타까움
희망을 찾은 환희

어떤 이는
지울 수 없는 슬픔이오

어떤 이는
멈출 수 없는 기쁨일세

한세상 그침 없이 되풀이되는
인간의 두 줄기 눈물이여.

연꽃

불심이 깊은
멕시코 바이어

따라 나온 곳은 조계사
사찰 앞 마당은 연꽃 만발한
연못처럼 보인다

수많은 질그릇에 심어 가꾼
놀라운 연화마당이 아닌가

찾아온 신도들과 관광객은
모두가 놀라며 기뻐하는 표정

부처님과 연꽃의 사연을
아는 자 몇이나 될까

활짝 웃는 연꽃의 미소
부처님의 자비심 덕에

평화로운 세계가 펼쳐 보인다

삶에 상처받은 자
새 희망을 꿈꾸는 자

모두가 합장하고 기도하니
부처님의 깊은 은혜 받아

무거운 마음 내려놓고
새로운 내일을 설계하리라.

커튼

바람은
자꾸만 커튼을 흔들며

창문을 밝혀
늦잠에 빠진 자
일깨우라 한다

커튼은
단잠을 깨울 수 없다며
창문을 가리운다

중천에 오른
태양마저
으름장을 놓지만

커튼은
한사코 창문을 가리운다

바람과 태양
커튼의 충성을
거둘 길 없다.

부부화

놓칠세라 손을 꼭 잡고
말없이 걸어가는 노부부

젊었을 때 맺은 인연
평생을 함께 살아온
아름다운 인간의 꽃

몸은 여위고 늙어도
시들 줄 모르는 한 송이 부부화

세월이 흐를수록
짙은 향을 피운다.

나팔꽃

울타리 휘어잡고
늦가을에 핀 나팔꽃

하늘 우러러
무슨 말을 속삭이는가

진분홍빛 고운 얼굴
수심 가득한 안타까움

너의 소망을
나도 함께 빌어 주마

오늘 밤엔 제발
찬 서리 내리지 말아 다오.

이심전심

이제는
팔십 고개를 넘은
할아버지 동창생

오랜만에 모여
점심을 함께하며
거침없이 떠드는 소리

그동안 억지로 참아 오던
답답함을 감춤없이
동창 앞에 털어놓은 기쁨

말 상대도 편치 않고
하루를 보내기도
외롭고 지루한 노년의 세월

동창 모임이라도
자주 있었으면 하고

염원하던 외로운 나날들

서로가 말하지 않아도
이심전심일세.

낙엽

커피숍 창가에 앉아
물끄러미 창밖을 바라본다

사정없이 질주하는 자동차
차도에 깔려 굴러가는 낙엽

낙엽은 자동차 바퀴에 밟히고
바람에 지체 없이 쓸려 간다

한때는 싱싱한 가지에 활짝 피어
마음껏 푸름을 자랑하고
춤추던 시절이 있었지
세월의 무상함을 알고 있었을까

이제
낙엽은 어디로 가는 길일까
바람이 몰아치는 곳은 어디일까

나도 언젠가는 낙엽과 같은
인생의 종말이 오겠지
어떻게 준비해야 할까.

노랑나비

노랑나비 한 마리
바람을 거슬러 날아간다

꽃을 찾아가는 나비의 길
바람은 막을 수 없다

둘러보아도 꽃은 보이지 않고
내 코를 자극하는
한 점 향기도 없는데

나비는 바쁘기만 하다
참으로 신비로운 자연의 섭리

꽃을 찾아 달콤한 꿀을 먹지만
꽃의 수정을 돕는
보람된 일을 하는 나비

이제는
바람마저 포기하고 마는구나
마침내 꽃을 찾은 나비의 열정.

직업

고급 식당 여 종업원
식탁 정리에 분주하다

바쁜 손길을 보노라니
아침 일찍 식탁준비에 바빴겠지
점심시간 마무리 식탁 정리에
더욱 분주하구나

한편에선 떠들썩한 손님들
남녀노소 모두가 식사에 정신없다

인간 사회에는
다양한 일자리가 있지요
아무나 할 수 없는 전문직이 있는가 하면
손쉽게 할 수 있는 일도 있다오

남이 하고 있는 일을 보며

쉬운 일이라 생각할 수 있지만
모든 일은 나름의 고충과 애로가 있지요.

가을 하늘 바라보며

더없이 맑고 깊은 가을 하늘
구름 한 점 없고 푸르기만 하네

풍랑이 지난 평화로운 바다를 보는 듯
내 마음마저 빨려 가는 가을의 유혹

침묵에 잠긴 가로수에 앉은 비둘기
분주히 오고 가는 인간을 내려다보며
너는 무슨 생각을 하느냐

수확의 계절 풍성한 가을이 가고
차가운 겨울이 다가옴을 알기에

나는 먼 나라로 시집간
막내딸 소식이 궁금하여
답답한 마음 하늘에게 안부를 묻는다.

어떤 장식

아파트 단지 내 화단
높은 공간에 매달린
다양한 색깔의 작은 우산들

비 오는 날 우산이오
햇빛 따가울 때 양산이거늘

메마른 허공에 매달려
바람에 흔들리는 모양은
왠지 서럽게 보일 뿐이다

장식이라기보다
제 역할을 찾지 못한 아쉬움

아이디어를 제공한 자의
참뜻이 궁금할 뿐이다.

시의 산고(産苦)

하늘은 푸름이 깊어만 가고
산야는 붉게 짙어가는 늦가을

나 홀로 산길을 간다

가끔씩
찬 바람이 고요를 깨고 스친다

붉게 물든 잎새들
우수수 슬픔을 토하며
이별을 고하는 소리

나에게 알리는
잎새의 마지막 여운
걸음을 멈추고 귀 기울이지만

멧새의 지저귐마저
나에게 부담을 줄 뿐

이 자연이 내게 던지는
메시지를 어떻게 대변할까
펜을 들고 고심에 잠긴다.

낙엽을 주우며

나는
낙엽을 줍습니다

낙엽의 서러운 마음을 알기에
나는 낙엽을 주워 모읍니다

팔순을 넘긴 내 마음
알아주는 사람 몇이나 될까요

세월은 어서 가라 떠밀고
내 마음은 굳세게 버티지만

끌려만 가는 내 육신
지팡이는 버팀목이 되지 않습니다.

홍정

우리 생활 속에는 항상
홍정이라는 꽃이 핀다

개인과 개인은 물론
민족과 민족 간에
국가와 국가 사이에서
그칠 줄 모르는 크고 작은 홍정

공존과 상생의 홍정은
화려하고 향기 짙은
꽃을 피우지만

갑질이 낳은 홍정의 꽃은
향기 없는 메마른 꽃을
피울 뿐이다.

초겨울 어느 날

입동이 며칠 전에 지났으니
계절은 초겨울이다

짙은 구름을 몰고 바람이 불더니
이제 바람은 멎고 눈이 내린다
비와 섞인 눈이다

잠시 후 비만 쏟아지더니
눈비 그리고 바람까지 멈췄다
구름은 걷힐까 말까 망설이나 보다

계절이 바뀔 때 변덕스런 기후
옷깃을 여미는 행인의 발길이 바쁘다

이 시간
나는 커피숍에 들러
변덕스러운 초겨울을 메모로 남긴다

블랙커피 한 잔의 맛이
한결 내 마음의 시상(詩想)을 일깨운다.

기다림

시곗바늘
되돌릴 수는 없지

커피 향을 음미하며
조급한 마음을 달래 본다

기다림의 지루함을 이겨 내고
만남의 시간에 주고받을 이야기들
가슴속 깊이 곱게 다듬어 본다

흘러간 내 삶의 발자취
아직도 기억의 끝자락에 맺힌
그리운 추억을 다시 찾아낸다.

그리움

그리움이 깊어 오면
방황이 나래를 편다

방향도 모른 채
내 마음 가누지 못하고

한 송이 구름으로 피어
바람 타고 허공을 떠돈다.

위맹량 시집

8월이 오면

초판 인쇄 2018 년 11 월 10 일
초판 발행 2018 년 11 월 15 일

지은이 | 위맹량
펴낸이 | 김효열
편 집 | 이미정
마케팅 | 김효숙 · 김영미 · 박미옥

펴낸곳 | **을지출판공사**

등록번호 | 1985 년 2 월 14 일 제 2-741 호
주 소 | 서울시 마포구 양화진길41, 603호
우편번호 | 04083
대표전화 | 02) 334-4050
팩시밀리 | 02) 334-4010
전자우편 | ejp4050@hanmail.net

값 15,000원

ISBN 978-89-7566-173-0 03810